AF356081

9164

COMPOSITION

DE

DROIT FRANÇAIS,

PAR E.-A. VUATRIN,

PROFESSEUR SUPPLÉANT A LA FACULTÉ DE DROIT DE PARIS,

L'UN DES CANDIDATS POUR LA CHAIRE DE DROIT ROMAIN.

PARIS.

IMPRIMÉ PAR E. THUNOT ET Cⁱᵉ,

RUE RACINE, 26, PRÈS DE L'ODÉON.

1850

BIBLIOTHÈQUE NATIONALE R.F. IMPRIMÉS.

COMPOSITION

DE

DROIT FRANÇAIS.

BIBLIOTHÈQUE IMPÉRIALE

QUELS SONT, DANS NOTRE DROIT, LE CARACTÈRE ET LES EFFETS DE LA DONATION ENTRE ÉPOUX PENDANT LE MARIAGE?

La théorie des donations entre époux pendant le mariage, est une de celles qui sont de nature à présenter le plus de difficultés dans la pratique des affaires. Cette matière qui dans le droit romain faisait l'objet d'un titre fort étendu, et sur laquelle le génie des jurisconsultes romains a découvert une multitude de questions importantes, est renfermée dans deux articles de notre Code civil (art. 1096 et 1097). Déjà des questions intéressantes se sont présentées sur ce point, et ont été soumises à la jurisprudence de nos cours ; des systèmes divers ont été formulés. C'est donc une matière qui présente le plus haut intérêt pour le jurisconsulte ; c'est surtout quand la loi est muette, quand les textes sont incomplets, que l'on éprouve le besoin de recourir à la doctrine.

Deux articles de notre Code sont consacrés à la matière des donations entre époux pendant le mariage : ce sont les art. 1096 et 1097. Le premier porte que toutes donations faites entre époux pendant le mariage, quoique qualifiées entre-vifs, seront toujours révocables. Ainsi, comme on le voit, cette donation participe à la fois du caractère de la donation entre-vifs et du testament. Elle est un acte entre-vifs, une donation ; tel est le nom qu'on lui donne ; il y a accord de volonté. Mais en même temps elle manque du caractère le plus important de la donation, à savoir de l'irrévocabilité ; au point de vue de la révocabilité, elle se rapproche des dispositions testamentaires.

On conçoit dès lors combien de questions intéressantes sont de nature à se présenter sur notre matière ; il s'agira pour nous de rechercher quelles sont toutes les différences qui séparent les donations entre-vifs des testaments, et de déterminer en quels cas nous devrons appliquer à notre donation, qui a un caractère mixte, les règles des donations entre vifs et celles des dispositions testamentaires. On conçoit dès lors et par avance, que nous rencontrerons deux théories extrêmes, l'une pour tous les cas où la loi aura gardé le silence, voudra appliquer les règles de la donation entre-vifs, et une autre, au contraire, qui appliquera celles du testament. Entre ces deux théories extrêmes, viendront se placer des systèmes intermédiaires, qui appliqueront tantôt les unes, tantôt les autres.

Le Code civil a tranché quelques-unes des questions qui pouvaient se présenter. Ainsi, de même que la femme peut faire et révoquer un testament, sans être autorisée de son mari ou de justice, de même elle peut révoquer la donation qu'elle a faite à son mari, sans être autorisée de son mari ou de justice (C. civ., art. 1096, 2ᵉ alin.). C'est une application à la donation entre époux, pendant le mariage, des principes des dispositions testamentaires.

De même les donations entre époux pendant le mariage ne sont pas révoquées par la survenance d'enfants (art. 1096, 3ᵉ alin.). Voilà encore un emprunt fait aux dispositions testamentaires. Le testament n'est pas révoqué par la survenance d'enfants au testateur. Il est libre de révoquer s'il le veut ; la loi n'a pas besoin de lui accorder un secours extraordinaire. Au contraire, lorsqu'il s'agit de donations entre-vifs faite par une personne n'ayant pas d'enfants, la loi a voulu prévenir les regrets qu'inspirerait au donateur une donation irrévocable ; elle lui accorde le bienfait de la révocation pour survenance d'enfants. La loi a appliqué à la donation entre époux les règles des testaments. Cette donation, révocable comme le testament, ne sera, pas plus que le testament, révoquée par la survenance d'enfants.

Enfin l'article 1097 fait un dernier emprunt aux règles des testaments : les époux ne peuvent, pendant le mariage, se faire ni par acte entre-vifs ni par testament, aucune donation mutuelle et réciproque par un seul et même acte. C'est l'application à notre donation du principe contenu dans l'article 968 du Code civil. On sait que d'après cet article un testament ne peut être fait dans le même acte par deux ou plusieurs personnes, soit au profit d'un tiers, soit à titre de disposition réciproque et mutuelle. Les testaments étant essentiellement révocables, on conçoit à combien de difficultés donnerait lieu le système des testaments réciproques contenus dans un seul acte. Quelle serait sur l'un des testaments l'influence de la révocation faite par l'autre testateur? Il y aurait des difficultés nombreuses que le législateur a voulu éviter ; ce qui explique la disposition de l'article 968. Les mêmes difficultés étaient de nature à se présenter dans les donations entre époux, révocables comme les testaments eux-mêmes, ce qui explique l'application faite à notre matière des principes des dispositions testamentaires.

Sur ces points la loi a parlé ; il ne saurait y avoir de difficultés dans la pratique des affaires : sur les autres la loi est muette ; c'est à la doctrine à établir une théorie. Et d'abord quelques mots sur l'histoire du droit.

L'origine de notre droit sur ce point se trouve dans le droit romain, la prohibition des donations entre époux était une de ces nombreuses dispositions qui dans la pratique romaine s'étaient établie par l'usage. Cet usage paraît être assez récent, il paraît n'avoir pas existé au temps de la loi Cincia, qui excepte précisément de ses dispositions les donations *inter virum et uxorem.* Le jurisconsulte romain nous donne le motif de cette prohibition. On ne veut pas que les époux se dépouillent l'un envers l'autre dans l'excès de leur tendresse. *Hoc receptum est*, nous dit Ulpien, L. 1, ff., *de donationibus inter virum et uxorem, ne mutuato amore invicem spoliarentur, donationibus non temperantes, sed profusa erga se facilitate.* Il y avait aussi un autre motif tire de la législation sur le divorce ; on ne voulait pas que par la menace d'un divorce, un époux pût arracher à l'autre une donation *quia sæpe futurum est ut discuterentur matrimonia, si non donaret is qui posset atque ea ratione eventurum ut venalitia essent matrimonia.* (L. 2, ff. eod. tit.)

Toutefois , cette prohibition des donations entre époux souffrait certaines exceptions. Ainsi les donations *mortis causa* et *divortii causa* étaient permises; ainsi, dans un intérêt politique , on permettait des donations faites pour l'obtention de certains honneurs. Enfin , les seules donations défendues étaient celles qui avaient pour effet d'enrichir l'époux donataire aux dépens de l'époux donateur; de là une foule de règles d'interprétation qui étaient admises par les jurisconsultes romains.

Dans l'origine, les donations entre époux étaient complétement défendues. Plus tard fut rendu un sénatus-consulte célèbre sous le règne de Sévère. On se relâcha de la rigueur de l'ancien droit, et on décida que la donation serait confirmée par le prédécès de l'époux donateur qui serait mort avant d'avoir révoqué. *Fas esse cum quidem qui donavit pœnitere, heredem vero eripere forsitan adversus supremam voluntatem ejus qui donaverit, durum et avarum esse.*

Tel fut donc le dernier état du droit romain : la donation entre époux était confirmée par le prédécès de l'époux donateur. Les époux avaient voulu faire une donation entre-vifs : au lieu d'annuler complétement la donation entre-vifs, on lui faisait produire à peu près les effets de la donation à cause de mort, donation essentiellement révocable. C'est là un point de vue qu'il ne faudra pas oublier dans l'exposé que nous allons faire de la théorie du Code civil. Une des conséquences de cette assimilation était que la donation entre époux était, comme la donation à cause de mort, révoquée par le prédécès de l'époux donataire. Nous aurons plus tard à revenir sur ce point lorsque nous aborderons une des questions les plus controversées qui se présentent sur notre Code dans la matière qui nous occupe.

Tel était le droit romain sur ce point. Dans notre ancienne jurisprudence coutumière, il y avait une très-grande variété de dispositions sur la matière des donations entre époux pendant le mariage. On y remarque cet esprit essentiellement conservateur des biens de la famille, cette défiance dans l'intérêt de la famille de la tendresse des époux l'un vis-à-vis de l'autre. Il y a là une idée, un système tout nouveau. Je n'ai pas le temps d'aborder les dispositions coutumières, les règles sur les dons mutuels, sur les donations testamentaires entre époux. Je me hâte d'arriver aux dispositions de notre droit et aux questions nombreuses que notre matière peut présenter.

Quels sont dans notre droit le caractère et les effets des donations entre époux pendant le mariage ? Deux théories sont soutenues sur ce point. Nous

allons avant d'aborder les questions de détail qui peuvent se présenter, exposer les arguments communs à la plupart de ces questions.

Dans une première théorie on dit : la donation entre époux doit en général
se rapprocher beaucoup plus des dispositions testamentaires que des donations entre-vifs. Voici les principaux arguments en faveur de cette théorie.

D'abord, dit-on, l'origine des articles 1096 et 1097 est évidente : c'est une
origine toute romaine; le Code civil sur ce point s'est inspiré moins des sou-
venirs coutumiers que des dispositions du droit romain. La loi nouvelle laisse
aux époux la liberté de faire des dispositions testamentaires dans la limite
fixée par les articles 1094 et 1098. Elle permet seulement les donations
entre-vifs, mais elle veut qu'elles soient révocables. Il s'agit moins d'une
disposition conçue dans l'intérêt de la famille contre l'époux, que d'une
disposition tendant à protéger l'époux lui-même contre l'irréflexion que lui
ferait faire à son conjoint des libéralités dont il aurait à se repentir.

C'est donc, dit on, dans les dispositions de la loi romaine que nous devons
chercher des analogies, c'est d'elle avant tout que nous devons nous inspirer.
Or que voyons-nous dans la loi romaine? Nous voyons dans un premier
état du droit la donation entre-vifs défendue entre époux, et la donation à
cause de mort permise. Plus tard un sénatus-consulte décide que la donation
entre-vifs vaudra si elle est confirmée par le prédécès de l'époux donateur
arrivée avant toute révocation, c'est-à-dire que la donation qualifiée entre-
vifs devient en quelque sorte donation à cause de mort. Or les donations à
cause de mort sont, ainsi que le disent les Instîtutes au titre *de donationibus*,
presque à tous égards assimilées aux legs; ainsi elles le sont pour la Falcidie,
pour le payement des dettes, etc. Il en est de même de la donation *inter virum et uxorem*. Il en doit être ainsi, dit-on, dans cette première théorie, de
la donation entre époux pendant le mariage; on doit en général lui appliquer les règles des dispositions testamentaires.

Cette doctrine, dit-on encore, est corroborée par les textes mêmes du Code.
Ainsi, le chapitre ix du titre des donations entre-vifs et des testaments est
intitulé : *Des dispositions entre époux, soit par contrat de mariage, soit pendant
le mariage.* On évite l'emploi du mot *donation.* Ce mot est employé dans l'intitulé du chapitre précédent; là, il s'agit des donations faites par des tiers
par contrat de mariage. Le Code emploie l'expression *donation.* Ici, au contraire, comme il s'agit non-seulement des libéralités faites par contrat de

mariage, mais encore pendant le mariage, le Code civil craint l'emploi de cette expression ; il se sert du mot *dispositions*.

Maintenant, si nous arrivons à l'article 1096, que trouvons-nous ? Le Code nous dit-il que la donation que les époux se sont faite pendant le mariage est une donation entre-vifs ? Non. Voyez l'expression qu'emploie le rédacteur : *Toutes donations, quoique qualifiées entre-vifs*, etc. Ainsi les époux ont pu qualifier leur donation de donation entre-vifs. Cette qualification est fausse et mensongère ; au fond la donation n'est pas une donation entre-vifs. Dans notre droit, ennemi des subtilités, on n'annulera pas un acte licite pour une fausse qualification, mais la donation n'en est pas moins une donation à part, une donation *sui generis*, et qui, par conséquent, devra être régie par des principes tout spéciaux.

Il y a mieux. L'article 1081 porte que toute donation entre-vifs de biens présents, quoique faite par contrat de mariage aux époux ou à l'un d'eux, est soumise aux règles générales prescrites pour les donations faites à ce titre. Cette disposition est répétée par l'art. 1092 pour les donations faites entre époux par contrat de mariage. Donc les donations de biens à venir, faites dans les termes des art. 1082 et 1083, la donation cumulative de biens présents et à venir faite dans les termes des art. 1084 et 1085, sont affranchies d'une grande partie de ces règles. Il y a mieux. La donation faite dans les termes de l'art. 1086, c'est-à-dire sous des conditions potestatives de la part du donateur, est affranchie de la plupart de ces règles. Il en doit être de même *à fortiori* d'une donation purement et complétement révocable au gré du donateur, qu'il pourra faire disparaître par une simple manifestation de volonté.

Les dispositions peu nombreuses du Code civil viennent toutes à l'appui de ce sentiment. Partout nous voyons l'assimilation la plus entière entre les dispositions faites entre époux pendant le mariage et les dispositions testamentaires. Ainsi ces donations sont essentiellement révocables, comme le sont les testaments ; ainsi la femme peut les révoquer sans y être autorisée par son mari ou par la justice, comme elle pourrait révoquer les dispositions testamentaires. Ainsi un testament n'est pas révoqué par la survenance d'enfants ; la donation entre époux n'est pas non plus révoquée pour survenance d'enfants (art. 1096).

L'art. 1097 consacre encore d'une manière plus énergique cette assimilation entre la donation et le testament. Les époux, nous dit cet article, ne peuvent, pendant le mariage, se faire ni par acte entre-vifs, ni par testament, aucune donation mutuelle et réciproque par un seul et même acte. Voyez comment le Code assimile complétement le testament et l'acte entre-vifs que les époux auront fait l'un envers l'autre.

Il y a concordance, harmonie parfaite dans toutes ces dispositions. Partout le Code a mis sur la même ligne la donation faite entre époux pendant le mariage et le testament. Sans doute le Code n'a pas tiré toutes les conséquences, mais il a laissé à la doctrine le soin de les tirer. La donation entre époux pendant le mariage, quoique revêtue de la forme des donations, aura le caractère et les effets des dispositions testamentaires.

Après ces arguments tirés de l'histoire et des textes de la loi, on arrive dans cette première théorie aux considérations. Les considérations, disent les partisans de ce premier système, doivent encore faire adopter cette opinion. En effet, mettons de côté pour le moment et l'histoire et les textes, et demandons-nous ce qu'on doit décider au point de vue philosophique et rationnel.

La loi a organisé deux systèmes différents de libéralités, les unes ayant un caractère d'irrévocabilité complet et absolu, les autres au contraire essentiellement révocables, la donation entre-vifs et le testament. Eh bien! voici maintenant une disposition tout à part, mais que la loi déclare essentiellement révocable. La raison, le simple bon sens ne nous dit-il pas qu'on doit plutôt appliquer à cette disposition les règles des actes révocables, et non les règles des actes irrévocables? Qu'elle soit une donation quant à la forme, qu'on lui applique les règles de la donation sur ce point. Mais quand il s'agira d'aller au fond des choses, de déterminer les effets et le caractère de la donation, il faudra dire que cet acte, essentiellement révocable, a et doit avoir les effets des testaments.

Et puis voyez, ajoute-t-on, combien de fraudes pourraient être commises dans le système contraire; il suffira donc aux époux, pour échapper aux règles et aux conséquences des testaments, de prendre une voie détournée, de donner à l'acte une qualification différente, de le qualifier de donation entre-vifs, et de faire entrer ainsi cet acte essentiellement révocable, qui au fond n'est qu'un testament, dans un système de dispositions législatives qui n'ont été édictées que pour les véritables donations entre-vifs, c'est-à-dire des dispositions qui sont essentiellement irrévocables,

Telles sont en résumé les considérations très-puissantes que l'on invoque en faveur de la première théorie, celle qui tend à faire prédominer dans la donation entre époux pendant le mariage le caractère des dispositions testamentaires.

Une seconde théorie, diamétralement opposée à la première, veut faire prédominer dans cette disposition d'un caractère mixte la nature de la donation entre-vifs. Voici comment raisonnent les partisans de cette seconde opinion.

Sans doute, dit-on dans cette opinion, on ne peut méconnaître l'influence de la théorie du droit romain sur la donation faite entre époux pendant le mariage. Mais il y a, dit-on, un fait capital, un fait immense dont on fait complétement abstraction dans la première opinion. C'est la disposition de l'ordonnance de 1731, qui a eu pour but de supprimer toutes les difficultés auxquelles donnaient lieu dans notre ancienne pratique française les donations à cause de mort des Romains. Désormais on n'a plus voulu reconnaître ces actes d'un caractère douteux et équivoque dont on se servait pour éluder les règles de disponibilité concernant les dispositions testamentaires. Désormais on n'a plus voulu reconnaître que deux formes de disposer de ses biens à titre gratuit, la donation entre-vifs et le testament. Cette doctrine est complétement consacrée par l'article 893 du Code civil. On ne pourra plus disposer de ses biens à titre gratuit que par donation entre-vifs et par testament dans les formes qui sont établies dans notre titre.

Voici donc un système tout nouveau. On ne peut plus disposer de ses biens à titre gratuit que par donation entre-vifs ou par testament : tout acte devra désormais se ranger dans l'une de ces deux catégories. On conçoit dès lors que tel doit être désormais notre point de départ. En droit romain, là où existait la donation à cause de mort, on conçoit que les interprètes romains aient comparé la donation entre-vifs révocable à la donation à cause de mort, dont les effets étaient connus et déterminés ; mais pour les jurisconsultes français, il ne doit plus en être de même. Notre point de départ doit être la disposition de l'art. 893 qui ne reconnaît que deux modes de disposition : la donation entre-vifs et le testament ; il ne s'agit plus d'en revenir à toutes ces anciennes controverses auxquelles donnaient lieu les donations à cause de mort, controverses qu'ont voulu faire disparaître et l'ordonnance de 1731 et le Code civil.

Notre point de départ doit être désormais celui-ci : l'acte est contenu dans un contrat de mariage, l'acte est qualifié de donation; donc l'acte aura tous les effets de la donation entre-vifs, à moins que la loi n'en ait disposé autrement. Par là nous arrivons à une théorie nette et tranchée, et notre théorie se trouve avoir sa base dans les dispositions même du Code civil.

Quels sont les arguments que l'on oppose à cette théorie? On nous dit que le chapitre ix est intitulé : *Des dispositions entre époux.* Donc, dit-on, ce chapitre contient des dispositions autres que des donations. Mais il est facile de répondre à cet argument de texte. D'abord, l'article 1096 lui-même emploie le mot *donation faite entre époux;* c'était bien le cas de mettre l'expression de *disposition*, si l'on n'avait pas voulu qualifier notre acte de *donation.* Si, dans l'intitulé du chapitre, on a employé l'expression de *disposition*, c'est que ce chapitre contient, non-seulement les règles sur les donations entre époux par contrat de mariage et pendant le mariage, mais encore les règles sur la quotité disponible entre époux, règles qui s'appliquent aux dispositions testamentaires aussi bien qu'aux dispositions entre-vifs.

On argumente dans la première opinion de ces mots de l'article 1096, *quoique qualifiées entre-vifs.* Cet argument est bien faible; il est certain que ces donations n'ont pas tous les effets des donations entre-vifs ordinaires, mais s'ensuit-il qu'elles ne doivent pas avoir ces effets lorsque la loi ne les aura pas retirés? On peut faire une réponse analogue à l'argument tiré des articles 1081 et 1092.

On argumente enfin de ce que les articles 1096 et 1097 donnent à ces donations les effets des testaments. Mais ne doit-on pas en tirer une conséquence tout opposée? De ce que la loi a indiqué que la donation entre époux aurait certains effets des testaments, ne faut-il pas en conclure que la loi a entendu leur conserver, à tous autres égards, le caractère de donation entre-vifs? Ainsi voilà un acte que les parties ont qualifié de donation entre-vifs qui paraîtrait, en conséquence, produire tous les effets que la loi attache à ces donations. Le Code juge cependant convenable de l'assimiler, à certains égards, aux testaments. N'est-ce pas à dire, qu'à tous autres égards, l'acte devra avoir les effets dela donation entre-vifs?

Mais mettons de côté ces arguments de texte, et arrivons aux considérations, et c'est ici surtout que nous verrons se dérouler toutes les différences radicales et profondes qui séparent les donations entre époux du testament et que nous déterminerons le véritable caractère de cette donation.

Le testament est un acte par lequel le testateur dispose pour le temps où il n'existe plus, et qu'il peut révoquer ; telle est la définition que la loi nous donne elle-même. Est-ce là l'acte qu'a entendu faire l'époux qui, pendant le mariage, a voulu faire une donation à son conjoint ? Il voulait lui faire une donation actuelle, il voulait se dépouiller immédiatement à son profit ; il l'a dit lui-même dans l'acte ; il voulait se dessaisir et rendre son conjoint immédiatement propriétaire. Il a peut-être dit dans l'acte qu'il lui faisait une donation actuelle, irrévocable ; il n'entendait en aucune façon disposer seulement pour l'époque de son décès. Mais la loi à cet égard, plus puissante que sa volonté, le protége contre l'entraînement de l'affection qu'il porte à son conjoint. Elle pense qu'il pourra se repentir un jour de cette libéralité inconsidérée ; elle lui donne la faculté de se repentir. Il pourra se repentir sans prouver un fait d'ingratitude qui entraînerait la révocation d'une donation ordinaire. Il n'y aura pas l'éclat fâcheux des débats judiciaires pénétrant dans l'intérieur de la vie intime des époux. L'époux pourra révoquer ; il a sur ce point un droit souverain, absolu, dont il n'a à rendre compte à personne. La femme pourra révoquer, sans même demander une autorisation à son mari ou à la justice, ce qui facilitera pour elle l'exercice du droit de révocation. En résumé, la donation entre époux diffère essentiellement du testament en ce que cette donation est, d'après la volonté des époux, une donation entre-vifs : elle a été ainsi qualifiée. C'est la loi qui rend révocable. Le point de départ est donc différent ; les conséquences ne doivent pas être les mêmes. Ce droit de révocation est un droit à part, analogue à celui qui, dans les autres donations, existe au cas d'ingratitude ; seulement l'époux qui use du droit de révocation n'a aucun motif à donner lorsqu'il exerce ce droit.

J'ai enfin annoncé qu'entre ces deux théories se placent des théories intermédiaires, qui n'acceptent pas complétement ces deux théories extrêmes. Ce sera surtout sur chaque question de détail que se dessineront ces systèmes intermédiaires : ce sera à leur occasion que j'aurai à les exposer. Quant à moi, je crois devoir adopter la théorie qui consiste à faire prédominer dans la donation entre époux le caractère de la donation entre-vifs. Mais en prenant ce point de départ, je pense qu'on peut adopter sur certains points, que le Code n'a pas résolus textuellement, les règles des testaments, lorsqu'on peut, à cet égard, tirer des arguments d'analogie des dispositions même du Code.

Abordons maintenant les applications à faire des deux théories dans les différentes questions qui peuvent se présenter dans la pratique des affaires ; il sera facile de les résoudre à l'aide des deux théories que nous avons exposées. Nous avons cru devoir, pour éviter les redites, exposer d'abord les arguments communs à toutes les questions de détail qui peuvent se présenter ; notre tâche s'en trouvera par là même abrégée. Arrivons à ces questions de détail.

I. *Capacité des parties.* — Quelle devra être la capacité des parties ? Les règles sur la capacité ne sont pas les mêmes dans la donation et les testaments. Pour faire une donation entre-vifs il faut être majeur. Le mineur parvenu à l'âge de seize ans peut disposer par testament de la moitié des biens dont la loi permet au majeur de disposer (art. 904). Quelle sera la règle pour la donation entre époux ? Nous dirons, d'après la théorie que nous avons cru devoir adopter, que cette donation est une donation entre-vifs ; donc la capacité doit être la même que dans ces donations : la majorité est nécessaire.

La pensée de la loi, dans l'art. 1096, est de déclarer révocable une donation qualifiée entre-vifs et réunissant les conditions de validité des donations de cette nature. En vain dit-on que l'époux aurait pu prendre la forme du testament : s'il avait pris cette forme, il aurait été soumis à des conditions de forme plus rigoureuses ; s'il avait voulu faire par acte notarié un testament, il aurait fallu une dictée, u'u plus grand nombre de témoins. Il ne doit pas pouvoir échapper aux garanties que présentent ces formes en qualifiant l'acte de donation.

L'art. 903 renvoie, il est vrai, au chapitre ix ; d'où l'on pourrait conclure que les règles de capacité qui nous occupent ne sont pas applicables aux donations entre époux, mais cet article a pour but de renvoyer à l'art. 1095, qui donne aux mineurs dans leur contrat de mariage une capacité exceptionnelle.

II. *Disponibilité.* — C'est ici que se présente une question très-délicate et très-vivement débattue. On sait que lorsque plusieurs dispositions ont été faites successivement qui dépassent la quotité disponible, il n'y a jamais lieu à réduire les donations entre-vifs qu'après avoir épuisé les dispositions testamentaires, et que lorsqu'il y a lieu à cette réduction , elle se fait en commençant par la dernière donation et ainsi de suite en remontant des dernières aux plus anciennes (art. 923) et que lorsque les dispositions testamentaires excèdent la quotité disponible, la réduction s'en fait au marc le franc, à moins que le testateur n'en ait disposé autrement (art. 926 et 927). Quelle règle appliquerons-nous ici? Assimilerons-nous notre donation aux testaments ou aux donations entre-vifs ?

Ici les deux théories sont en présence. Ceux qui assimilent notre donation aux donations testamentaires, la réduisent concurremment avec les legs, et avant les donations entre-vifs même postérieures. Mais nous qui avons cru devoir adopter l'autre opinion , nous serons fidèles à notre principe, et nous dirons qu'elle sera réduite à sa date et en tant que donation entre vifs. Et qu'on ne dise pas que l'époux donateur a, par des donations entre-vifs postérieures ou par des legs, porté atteinte en tant que de besoin à la libéralité antérieure qu'il avait faite à son conjoint. Sans doute il était libre de révoquer cette libéralité, il pouvait le faire ; mais rien ne prouve qu'il ait entendu le faire, il a pu se faire illusion sur l'étendue de sa fortune, penser que ses dispositions ne seraient pas réduites. Nous maintiendrons donc à la donation la date que la loi lui donne.

Formes de la donation. — Quant aux formes, la donation entre époux étant une donation entre-vifs est soumise aux règles de forme des donations. On n'aura pas à observer les règles de forme des testaments, mais bien celles des donations entre-vifs. Sur ce point il ne saurait y avoir de difficultés. Elle sera faite par acte notarié. Seulement d'après la loi du 21 juin 1843, article 2, la donation entre époux pendant le mariage est, à peine de nullité, reçue conjointement par deux notaires ou par un notaire et deux témoins. Cette loi assimile complétement sur ce point la donation entre époux pendant le mariage à la donation entre-vifs.

La formalité de l'acceptation est-elle exigée dans cette donation? Nous le pensons ; la loi en dispense seulement les donations faites par contrat de mariage ; ces donations sont entourées de toute la faveur de la loi ; il s'agit de faciliter un mariage. Ici, au contraire, il s'agit de donations qui ne sont pas vues avec la même faveur. La loi, nous le répétons, suppose une donation faite régulièrement d'après les règles qu'elle avait elle-même tracées, et la supposant ainsi faite elle la déclare essentiellement révocable.

Nous pensons également qu'on doit appliquer à ces donations la règle de l'article 948, qui prescrit dans les donations entre-vifs la nécessité d'un état estimatif.

Application de la maxime donner et retenir ne vaut. — Devons-nous appliquer à la donation entre époux pendant le mariage les articles 943 à 946, qui sont l'application dans notre droit de la célèbre maxime *donner et retenir ne vaut ?* Nous n'appliquerons pas ces dispositions. Nous avons d'abord pour nous le texte de l'article 947, qui porte que les quatre articles précédents ne s'appliquent point aux donations dont il est mention aux chapitres 8 et 9 du présent titre. Or la donation entre époux pendant le mariage ; mais en outre nous avons cette considération que la loi voulant que la donation soit essentiellement révocable serait inconséquente, si elle annulait des donations dans lesquelles les époux se seraient conformés à son vœu, et auraient fait dépendre à certains égards leur donation de la volonté du donateur. Seulement la donation ne sera pas seulement révocable de la manière prévue dans l'acte, mais encore elle sera révocable d'une manière complète et absolue.

Cause de révocation des donations entre époux —D'abord, cette donation est essentiellement révocable par la volonté de l'époux donateur. La révocation pourra être faite par la femme sans être autorisée.

Dans quelle forme sera faite cette révocation? Ici évidemment nous ne pouvons emprunter les règles des donations entre-vifs, mais nous appliquerons les règles des testaments par analogie ; la révocation pourra se faire par acte devant notaire. La loi du 21 juin 1843 assimile, dans son art. 2, la révocation des donations et des testaments ; nous pourrons également appliquer, par voie d'analogie, les dispositions du Code sur la révocation des testaments, et par conséquent les art. 1035 à 1038.

Mais ici se place une question des plus importantes et des plus vivement débattues, celle de savoir si l'on doit appliquer les dispositions du Code civil sur la caducité des dispositions testamentaires. En d'autres termes, appliquerons-nous l'art. 1039, d'après lequel toute disposition testamentaire est

caduque, si celui en faveur de qui elle a été faite n'a pas survécu au testateur ?
Ici se trouvent en présence les autorités les plus graves ; c'est surtout à ce
point de vue qu'on a agité la question de savoir si l'on devait appliquer à
notre donation les règles de la donation entre-vifs ou celle du testament.

Dans l'intérêt de la première opinion, celle qui consiste à soutenir que la
donation n'est pas révoquée par le prédécès du donateur, on dit : l'acte est
une donation entre-vifs ; elle doit en avoir tous les caractères, à moins que
la loi n'en ait disposé autrement. Or l'art. 1096 nous dit seulement que la
donation est essentiellement révocable. Il y a donc une seule cause de révocation, celle résultant de la volonté du donateur. La loi n'a pas dit que
cette donation qui, dans la pensée des parties, était une donation entre-vifs,
sera révoquée par suite du prédécès du donataire. On ne peut donc ajouter
une cause de révocation qui n'est pas mentionnée par la loi, et on invoque
les divers arguments que nous avons mentionnés plus haut.

Toutefois, malgré ces graves raisons de douter, malgré les autorités puis-
santes qui se pressent en faveur de cette opinion, nous inclinons à adopter le
sentiment opposé.

Sans doute, ainsi que nous l'avons dit, notre point de départ est que l'acte
dont il s'agit est une donation entre-vifs ; nous avons ajouté que cette loi
rendant cet acte révocable, on pouvait en tirer toutes les conséquences qui
dérivent nécessairement de cette révocabilité. Or, n'y a-t-il pas un lien intime
entre cette révocabilité et la caducité résultant du prédécès ?

N'est-il pas vrai qu'il y a un lien intime entre ces deux idées, révocabilité
de la donation, révocation par le prédécès. Les Romains avaient parfaite-
ment aperçu ce lien dans les donations à cause de mort et dans les donations entre époux. Ce n'est pas là une de ces idées subtiles, mais c'est un de
ces points sur lesquels les dispositions du droit romain peuvent être
considérées comme la raison écrite.

Voilà une disposition que vous avez la faculté de révoquer. N'est-il pas
naturel d'en conclure que lorsque l'état des choses est complétement changé,
lorsque, par le prédécès du donataire, le bien passe à ses héritiers, vous ayez
par là révoqué la disposition ? En effet, dans le système des adversaires que
deviendra la donation après le prédécès du donataire ? Il faudrait dire au
moins que la donation restera ce qu'elle était pendant le mariage, c'est-à-
dire essentiellement révocable. Or la loi a-t-elle pu vouloir maintenir une

situation de ce genre entre l'époux donateur et les héritiers du donataire.

Il est si naturel de supposer qu'une donation entre époux est faite sous la condition de survie, que la loi a eu soin de s'expliquer sur la donation entre-vifs de biens présents faite entre époux par contrat de mariage. L'art. 1092 décide que cette donation n'est pas censée faite sous la condition de survie, si cette condition de survie n'est pas formellement exprimée. Ne pouvons-nous pas tirer un argument *à contrario* et dire que les donations faites pendant le mariage sont censées faites sous cette condition?

En outre, les donations faites entre époux par contrat de mariage, toutes les fois qu'elles sont faites sous des conditions dépendant de la volonté du donateur, sont caduques par le prédécès du donateur (art. 1089 et 1093 combinés). N'y a-t-il pas un argument *à fortiori* à tirer pour notre donation qui est complétement révocable ? Ce qui montre bien qu'il y a dans la pensée du Code civil un lien intime entre ces deux propositions : révocation par la volonté du disposant, caducité par le prédécès du donataire. Nous inclinons donc à penser que la donation entre époux pendant le mariage est révoquée par le prédécès du donataire.

Enfin, la donation entre époux pendant le mariage était révoquée de droit par le divorce; elle l'est encore par la séparation de corps dans la jurisprudence de la Cour suprème, qui applique les art. 299 et 300 à la séparation de corps.

Quant à la révocation pour ingratitude, elle paraît au premier abord inutile; mais elle pourrait avoir de l'intérêt si l'époux donateur était mort avant d'avoir eu le temps de révoquer. Nous appliquerons donc dans ce cas des règles qui, en général, sont communes à la donation entre-vifs et au testament.

Ainsi donc en résumé, nous dirons que la donation entre époux doit être soumise aux règles des donations, sauf les cas où la loi s'en est écartée formellement, et les cas où l'on peut tirer cette conséquence d'autres dispositions législatives. Il y a translation de propriété opérée pendant la vie du donateur. Lorsque le donateur use de la faculté de révoquer, il reprend la chose. Nous dirons qu'on devra en cette matière se pénétrer de cette idée, que l'on doit traiter avec faveur l'époux donataire. A cet égard, on doit s'inspirer de quelques-unes des dispositions des lois romaines.

On pourrait se demander quel serait le sort des actes faits par le donataire pendant qu'il était propriétaire. On pourrait valider ces actes en voyant dans la donation un pouvoir donné de faire les actes, et dans la révocation quelque chose d'analogue à la révocation pour ingratitude, qui respecte et maintient les droits qui ont été acquis à des tiers.

VUATRIN.

Collationné

P. ROYER-COLLARD.

www.ingramcontent.com/pod-product-compliance
Lightning Source LLC
LaVergne TN
LVHW011453170726
843501LV00009B/3394